Protege tu PLANETA

LIBSA

© 2021, Editorial LIBSA
c/ San Rafael, 4 bis, local 18
28108 Alcobendas (Madrid)
Tel.: (34) 91 657 25 80
e-mail: libsa@libsa.es
www.libsa.es

Textos: Carmen Martul Hernández
Ilustración: Archivo editorial LIBSA, Shutterstock Images

ISBN: 978-84-662-4021-5

DL: M-8595-2021

CONTENIDO

Seguramente habrás oído hablar del efecto invernadero o el calentamiento global. A lo mejor no tienes muy claro qué son, pero eso tiene arreglo, porque te lo vamos a explicar en este libro, igual que te vamos a contar por qué las abejas están desapareciendo, qué son los microplásticos, cómo funciona el ciclo del agua, qué es la fotosíntesis, cuáles son las energías renovables o qué significa «economía circular».

Pero lo más importante no es saberse todas estas teorías. No basta con saber qué es la deforestación, sino que hay que reutilizar el papel por las dos caras para evitar que se talen más árboles. Es genial comprender qué es la lluvia ácida, pero es mucho mejor saber que si vas al colegio en bicicleta en lugar de en coche, estás ayudando a evitarla.

Este es el objetivo del libro: darte todos los conocimientos y al mismo tiempo, todos los trucos para convertirte en un superlector ecologista en tu día a día. ¿Quieres que se cierre el agujero de la capa de ozono? ¡Está en tu mano! Di adiós a la laca en esprái. ¿Quieres proteger las plantas y los animales? ¡Tú puedes! Solo tienes que seguir la Regla de las 3Rs: ¡Reduce, Reutiliza y Recicla! ¿Tienes dudas a la hora de reciclar? Este libro va a enseñarte que cada residuo tiene un lugar específico en el que terminar... ¡o volver a empezar!

Mantener nuestro planeta tan bonito, con sus selvas, bosques y océanos limpios, es una responsabilidad de todos los que vivimos en él.

Empieza hoy mismo a comprender cuáles son los problemas que tiene nuestro hogar, la Tierra, y súmate a los pequeños grandes gestos que pueden cambiarlo todo.

¿ES VERDAD QUE LOS HUMANOS ESTAMOS CAMBIANDO EL CLIMA?

Las variaciones climáticas siempre han existido debido a la influencia de fenómenos naturales: pequeños cambios en la radiación del Sol, erupciones volcánicas... Entonces, ¿por qué se dice que es el hombre el que está cambiando el clima de la Tierra?

El efecto invernadero

Para comprender por qué se está produciendo un cambio climático, tienes que entender el «efecto invernadero»:

1 El sol calienta la superficie de la Tierra, pero cuando su temperatura sube, el calor que sobra se refleja de nuevo hacia la atmósfera bajo la forma de radiación infrarroja.

2 La atmósfera es como las paredes de un invernadero: permite que pase la luz y que el calor se acumule en el interior.

Las concentraciones de los gases de efecto invernadero son más altas hoy que durante cualquier periodo de los últimos 800 000 años.

3 La actividad humana está aumentando las concentraciones de gases peligrosos: como si las ventanas de un invernadero se cerrasen y permitieran entrar al calor, pero no dejasen escapar el sobrante. El efecto es un recalentamiento de nuestro planeta.

Y tú, ¿qué puedes hacer?

1 Ahorrar energía: poner el aire acondicionado y la calefacción a temperaturas lógicas, no tener encendidas todas las luces de casa, usar bombillas de bajo consumo...

2 Reciclar la basura y reutilizar los materiales que puedan ser útiles.

3 Elegir los medios de transporte menos contaminantes.

¿POR QUÉ SE ESTÁN MURIENDO LAS ABEJAS?

Las alarmas se encendieron en el año 2005: las abejas se estaban muriendo, y rápidamente, en diferentes partes del mundo, pero... ¿por qué?

■ El colapso de las colmenas y los pesticidas

Las abejas comenzaron a morir en masa y sin causa aparente, y las colmenas se quedaban vacías. Después de años de investigación, se cree que una de las principales causas de la caída de las abejas es el uso de pesticidas, que no las mata directamente, pero sí las hace mucho más vulnerables.

■ ¿Por qué son tan importantes las abejas?

Las abejas son una parte muy importante del ecosistema, pues no solo producen miel, cera y jalea real, sino que también se encargan de la **polinización** de muchas plantas, es decir, de su reproducción. Sin estos insectos polinizadores, un tercio de las plantas que usamos en nuestra alimentación desaparecería y también lo haría parte del forraje que alimenta al ganado.

1 Una abeja visita una flor para recolectar néctar y alimentarse.

2 El polen de la flor se pega a las patas y al cuerpo de la abeja.

Y tú, ¿qué puedes hacer?

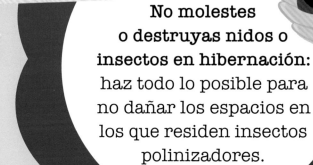

1
Plantar más flores, arbustos y árboles: cultiva plantas que produzcan néctar para que las abejas y otros polinizadores puedan comer todo el año.

2
No molestes o destruyas nidos o insectos en hibernación: haz todo lo posible para no dañar los espacios en los que residen insectos polinizadores.

3
No utilices pesticidas. Recuerda que los pesticidas contaminan el aire y nos dañan a todos, no solo a los animales.

3 La abeja se desplaza en busca de otra flor.

4 El polen es transferido a la siguiente flor, y así se reproduce.

Las manzanas, las cerezas, las almendras y las cebollas necesitan la polinización de las abejas para reproducirse.

¡DI NO A LOS PLÁSTICOS!

El plástico es uno de los materiales más utilizados y también uno de los más contaminantes. Hay de muchos tipos, pero casi todos son resistentes y no se degradan de forma natural.

■ Un difícil reciclaje

Envases y botellas, film de cocina, bolsas de basura, envoltorios, briks, pajitas, tapones, tuberías, juguetes, corcho blanco… Los usamos a diario y son de plástico. Aunque algunos son reciclables, el proceso es largo y difícil, porque van mezclados con otros materiales. En general, el reciclado se hace así:

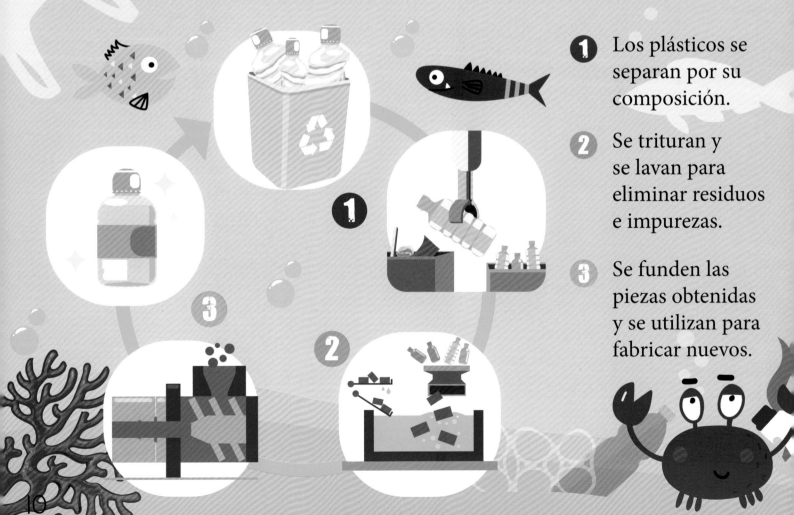

1 Los plásticos se separan por su composición.

2 Se trituran y se lavan para eliminar residuos e impurezas.

3 Se funden las piezas obtenidas y se utilizan para fabricar nuevos.

Los microplásticos representan más de la mitad de los millones de toneladas de plástico que se vierten al mar todos los años.

■ Los peligrosos microplásticos

Son plásticos derivados del petróleo y formados por partículas más pequeñas que un grano de arroz. Se encuentran en los detergentes, dentífricos, fibras sintéticas... Suelen acabar en las aguas residuales y después, en ríos, mares y océanos, contaminan sus aguas, los peces se los tragan, y luego nosotros nos comemos esos peces y así los microplásticos llegan a nuestro organismo.

Y tú, ¿qué puedes hacer?

1
Deposita en el contenedor correcto: envases de plástico, briks, redes de la fruta, bandejas de corcho blanco, envases de yogur y pasta dentífrica. Siempre vacíos y limpios.

2
Ve a la compra con bolsas reutilizables, de tela o papel, y compra los productos a granel, no envasados.

3
No utilices pajitas y lleva el bocadillo en una tartera o una fiambrera, no envuelto en papel de plata o film plástico.

¿POR QUÉ EL AGUA ES TAN IMPORTANTE PARA LA VIDA?

Este es el único planeta del Sistema Solar en el que hay agua en sus tres estados (sólido, líquido y gas). La vida se originó en el agua y los seres vivos dependemos de ella. ¡Nuestro propio cuerpo tiene un 65 % de agua!

■ El ciclo del agua

En la naturaleza, el agua se encuentra en constante movimiento; es lo que llamamos ciclo del agua o ciclo hidrológico, que es posible gracias a la energía solar.

CONDENSACIÓN

El sol calienta el agua de mares y ríos; una parte se **evapora** y pasa a la atmósfera en forma de vapor.

EVAPORACIÓN

1

2 El vapor de agua de la atmósfera se enfría y se **condensa**, formando las nubes.

TRANSPIRACIÓN

6 Los seres vivos, en especial las plantas, devuelven agua a la atmósfera en forma de **vapor**.

Y tú, ¿qué puedes hacer?

1
Dúchate en vez de bañarte y no dejes el grifo abierto mientras te enjabonas. Con esto puedes ahorrar hasta el 80% de agua.

2
No mantengas el grifo abierto mientras te cepillas los dientes.

3
Cierra bien los grifos para que no goteen. Un grifo mal cerrado puede desperdiciar hasta 50 litros diarios de agua.

❸ Las nubes devuelven el agua a la superficie terrestre en forma de **lluvia** o **nieve**.

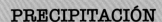

PRECIPITACIÓN

❹ Parte del agua de lluvia se **filtra** en el terreno y se incorpora a las aguas subterráneas.

Necesitamos agua para digerir los alimentos, eliminar los desechos, mantener la temperatura... ¡Debemos estar bien hidratados!

❺ El agua que no se evapora por el calor del sol ni se **filtra** en el terreno se desliza por las laderas de las montañas y forma torrentes y ríos que acaban en el mar.

¿POR QUÉ LAS PLANTAS SON TAN IMPORTANTES?

Las plantas son seres vivos que cumplen dos importantes funciones en la naturaleza. Por una parte, nos sirven de alimento a nosotros y a muchos animales. Por otro, son como grandes fábricas que llenan de oxígeno el aire que respiramos.

¡Oxígeno para todos!

Las plantas fabrican su propio alimento a partir del agua y los minerales que toman del suelo. Este proceso se llama **fotosíntesis** y en él interviene la luz del Sol. Para ello, la planta absorbe dióxido de carbono (CO_2) que hay en el aire y expulsa el oxígeno (O_2) que fabrica. Con ese intercambio de gases, podemos considerar a las plantas como las mejores «purificadoras» del aire: lo enriquecen con el oxígeno que necesitamos para respirar y lo limpian del dióxido de carbono que producen los seres vivos con la respiración.

CO_2

Luz solar

O_2

Sales minerales

Agua

Además, las plantas dan cobijo a muchos animales, enriquecen la atmósfera con vapor de agua gracias a la transpiración y nos dan madera y otros materiales.

◼ Fuente de alimento

Las plantas sirven de alimento al ser humano y a casi la totalidad de los animales. De ellas se aprovecha cualquier parte, desde las hojas, los frutos y las semillas, hasta las flores e incluso la madera. ¡Hay para todos los gustos! Y para valorar la importancia que tienen en nuestra alimentación basta un dato: la mitad de los alimentos que comemos proceden de tres plantas: el arroz, el trigo y el maíz.

Y tú, ¿qué puedes hacer?

1

No arranques ramas de los árboles ni grabes nada en su tronco; les producirás eridas que, como las tuyas, se infectarán y harán que el árbol enferme.

2

Cuando salgas a dar un paseo por la naturaleza, **no arranques plantas ni flores.** Puedes hacerles una foto o dibujarlas en tu cuaderno de campo.

3

Planta un pequeño huerto en una jardinera para que veas cómo crecen y se desarrollan tus plantas.

¿Y QUÉ HACEMOS CON LA BASURA?

Las basuras son los restos que no queremos. Cada vez consumimos más y por eso generamos mayores cantidades de basura, que se ha convertido en un grave problema medioambiental.

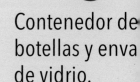

◼ Los vertederos

Son la solución más rápida para almacenar la basura, pero dan muchos problemas: malos olores por culpa de la fermentación de los residuos, contaminación de las aguas subterráneas al filtrarse sustancias tóxicas en el suelo y grave peligro de incendios.

◼ Cada objeto en su contenedor

El reciclaje desempeña un papel fundamental para reducir la cantidad de residuos y basura que producimos. Pero para hacerlo correctamente, entér bien de cuál es el contenedor en el que tienes que poner cada cosa:

2

Contenedor para papel y cartón.

3

Contenedor de botellas y enva de vidrio.

1

Un contenedor de envases de plástico, latas, briks, corcho blanco, bolsas, plástico de bolitas.

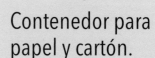

Y tú, ¿qué puedes hacer?

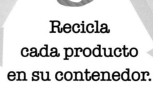

3

Recicla cada producto en su contenedor. De ese modo, no se convierte en basura, sino en materia prima para fabricar otros productos.

1

No emplees vasos, platos o cubiertos de un solo uso, ni tampoco servilletas de papel.

2

Reutiliza las bolsas del supermercado y escribe en el papel por las dos caras.

La superpoblación, el consumismo excesivo y las actividades humanas modernas han aumentado la cantidad de residuos no aprovechables.

4

Contenedor orgánico para restos de comida, de plantas, etc..

5

Contenedor para el resto de basura.

6

Un contenedor (en farmacias) de medicamentos, incluso con sus envases.

7

El contenedor de desechos peligrosos, como baterías, aceite…

¿QUÉ SON LAS ENERGÍAS RENOVABLES?

Son las que se obtienen de fuentes naturales e inagotables, como la solar (sol), eólica (viento), hidráulica (agua de los ríos), mareomotriz (mareas), undimotriz (olas), geotérmica (calor interior del planeta) y biomasa (materia orgánica).

■ Las energías tradicionales

Viajar en coche, poner la televisión, el ordenador, la calefacción o el aire acondicionado son actividades cuya fuente de energía suele obtenerse de los combustibles fósiles (carbón, gas y petróleo) y los nucleares, que generan gran cantidad de residuos contaminantes para el medio ambiente.

La Unión Europea ha acordado que en 2023 las energías renovables tendrán una cuota de utilización del 32 %.

Y tú, ¿qué puedes hacer?

■ Ventajas de las energías renovables

Cualquier tipo de energía, incluso renovable, conlleva algún grado de contaminación, pero el impacto ambiental de las energías renovables es mucho menor. Algunas de sus ventajas son:

1 Permiten aprovechar recursos naturales gratuitos y casi inagotables.

2 En su generación no se emiten gases de efecto invernadero, siendo una opción «limpia».

3 Son más abundantes y variadas: se encuentran en todos los lugares del planeta, evitando problemas de desabastecimiento.

4 Favorecen el desarrollo de nuevas tecnologías y la creación de empleo.

1 Siempre que sea posible, **desplázate caminando o en bicicleta.**

2 **Reduce el consumo de energía:** apaga la luz cuando salgas de una habitación y los aparatos eléctricos cuando no los estés utilizando.

3 Pide a tus padres que compren **bombillas de bajo consumo y aparatos eléctricos con una alta eficacia energética** (etiqueta con símbolo A).

¿QUÉ ES LA ECONOMÍA CIRCULAR?

Con cualquier producto se puede reducir el consumo y el desperdicio de las materias primas naturales, el agua y la energía que se usan en su producción, y eso nos da beneficios ambientales y además gastamos menos.

■ Economía lineal frente a economía circular

Tradicionalmente, los productos se han diseñado con este modelo lineal:

A Producción
B Consumo
C Desecho

Esto consume mucha energía y produce contaminación por la emisión de gases a la atmósfera y porque gastamos muchos recursos naturales.

En cambio, el modelo circular aprovecha mejor las materias y vigila que el impacto ambiental del producto sea menor:

1 Producción
2 Consumo
3 Reciclaje

3 Reciclaje

2 Uso

Y tú, ¿qué puedes hacer?

1 No tires los juguetes o los aparatos que se hayan ropeado. Primero infórmate de si pueden arreglarse.

2 Recicla, recicla y recicla. Por ejemplo, con las botellas de plástico se pueden hacer nuevos envases, perchas, tuberías o alfombrillas de automóviles.

3 Utiliza el agua del deshumidificador o la de cocer alimentos para regar las plantas.

1 Producción

Europa produce más de 2,5 millones de toneladas de basura al año. En una gran ciudad, cada habitante produce seis veces su peso medio.

¿A qué llamamos las 7Rs?

Se trata de reducir el consumo de recursos naturales con productos que puedan ser reciclados y reutilizados, siguiendo la «regla de las 7R»: reciclar, rediseñar, reducir, reutilizar, reparar, renovar y recuperar. Así, la historia de un producto sería: extracción de la materia prima de la naturaleza, fabricación, transporte hasta su lugar de empleo, uso, fin de su vida útil y reciclaje para volver a ser materia prima.

¿QUÉ ES LA DEFORESTACIÓN?

Un bosque es un gran amigo: conserva y enriquece el ecosistema y es fundamental para la supervivencia del ser humano. ¡Cuidémoslo!

Oxígeno

Dióxido de carbono

■ Los «pulmones» del planeta

Las plantas, además de respirar, hacen la fotosíntesis, un proceso en el que se absorbe dióxido de carbono de la atmósfera y se expulsa oxígeno. Por ejemplo, cada árbol del bosque produce entre 320 y 360 litros diarios de oxígeno; teniendo en cuenta que cada uno de nosotros necesita al día entre 7 200 y 8 600 litros, son necesarios unos 22 árboles para que respire una sola persona.

La selva amazónica, que es el mayor bosque tropical del mundo, produce el 20 % del oxígeno que necesita el planeta.

La amenaza de la deforestación

En muchos lugares, los bosques están siendo eliminados para conseguir más terreno de cultivo y pasto, o construir casas, carreteras, embalses y otras infraestructuras. Esta deforestación causada por talas e incendios ocasiona daños ecológicos como:

1. Pérdida de diversidad: desaparece la enorme variedad de especies, tanto animales como vegetales, del bosque.

2. Empeora la calidad del aire, ya que disminuye el número de plantas que realizan la fotosíntesis.

3. El suelo se va empobreciendo: al desaparecer la cubierta vegetal, el suelo está más expuesto a la erosión y «desaparece».

Y tú, ¿qué puedes hacer?

1

Reduce el uso del papel y recíclalo para que no sea necesario talar tantos árboles para su fabricación.

2

Regala los libros que ya no quieras, pero ¡nunca los tires!

3

Cuida y respeta las plantas y los árboles cuando salgas a pasear por el campo o los jardines. No arranques nunca plantas, flores ni ramas.

¿CUÁNTO TIEMPO TARDA EN DESAPARECER LA BASURA?

Un grave problema de contaminación es la cantidad de basura que tiramos. En los países desarrollados, una sola persona produce como 1 kg de basura al día. Residuos que se deben gestionar adecuadamente, porque el planeta no los «digiere».

■ Un peligro para todos

Si no reciclamos y tiramos la basura en la naturaleza, puede tardar en desaparecer hasta millones de años: un gran peligro para el medioambiente. Intoxican la cadena alimentaria de animales y plantas y, a través de ellos, esos tóxicos llegan hasta nosotros.

¿Cuánto tarda en desaparecer...?

Botella de plásti
100-1 000 año

Lata de aluminio
40-100 años

Bolsa de plástico
500 años

Papel
8 meses-1 año

Colilla de cigarrillo
1-10 años

Baterías o pilas
500-1 000 años

Chicle
5 años

Brik
30 años

Botella de vidrio
4 000 años

No toda la basura es igual

Si la basura se recicla bien, puede llegar a convertirse en materia prima para la fabricación de nuevos productos. Para ello, hay que distinguir varios tipos de basura:

1 Reciclable (papel) o no reciclable (pañales de bebé).

2 Basura orgánica (restos de comida) o inorgánica (metales).

3 Residuos no tóxicos (casi todos) o tóxicos (aceite de coche).

4 Residuos sanitarios.

5 Residuos tecnológicos y electrónicos.

Y tú, ¿qué puedes hacer?

Aplica la regla de las 3R: reduce, reutiliza, recicla.

1
Reduce: apaga las luces cuando no las necesites, no tires comida.

2
Reutiliza: ropa de tus hermanos, envases para hacer juegos o botes para lapiceros.

3
Recicla: separa los residuos de casa según su contenedor: papel, vidrio, plásticos y latas, comida, y resto de basura.

Otro tipo de basura es la espacial, que se genera a partir de los satélites y otros útiles espaciales cuando dejan de funcionar.

25

¿QUÉ ES LA LLUVIA ÁCIDA?

La combustión del carbón y el petróleo de chimeneas y vehículos genera óxido de carbono, azufre y nitrógeno que se liberan a la atmósfera, donde reaccionan con el vapor de agua y luego vuelven a caer a la Tierra... ¡como lluvia ácida!

■ Graves efectos sobre la naturaleza

La lluvia ácida es un problema ambiental grave. Y afecta no solo a la zona donde se producen los gases contaminantes, sino a cualquier lugar de la Tierra, ya que los gases pueden recorrer largas distancias empujados por el viento. Algunos de sus principales efectos son:

1 Cambia la composición del suelo, lo empobrece, y mata los microorganismos fijadores de nitrógeno.

2 Los componentes de la lluvia ácida aumentan el efecto invernadero en el planeta.

◼ ¿Afecta a nuestra salud?

El contacto de la piel con el agua de la lluvia ácida no es, en sí misma, peligrosa ni supone un riesgo para la salud. Pero los gases que contiene sí resultan nocivos y, al ser inhalados, pueden producir o agravar enfermedades respiratorias.

Y tú, ¿qué puedes hacer?

1

Reduce el consumo de energía en casa: apaga las luces si no las usas y baja la calefacción y el aire acondicionado.

2

Muévete **en bicicleta o en transporte público,** no en coche.

3

Participa en las **campañas de plantación de árboles;** ayudan a «limpiar» el aire.

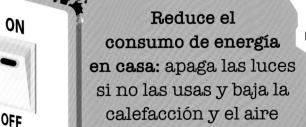

❸ Debilita y destruye la vegetación de bosques y selvas.

La lluvia ácida también daña los materiales, deteriorando monumentos, estatuas y edificios.

❹ Altera y acidifica las aguas superficiales (ríos, lagos, mares y océanos).

❺ Afecta a la supervivencia de organismos terrestres y acuáticos.

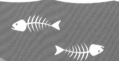

¿QUÉ ES ESO DE UN AGUJERO EN LA CAPA DE OZONO?

La atmósfera es el abrigo del planeta: ayuda a mantener una temperatura constante y adecuada para la vida y lo protege de los rayos solares. Pero, ¿y si hay un agujero en el abrigo?

Suenan las alarmas

En la década de 1970, los científicos dieron la voz de alarma: el ozono, que es un gas presente en la estratosfera atmosférica y el principal agente protector contra los rayos solares más nocivos para los seres vivos, estaba disminuyendo de forma alarmante. Y ese problema era aún más grave en el Polo Sur. ¿Qué estaba ocurriendo?

Y tú, ¿qué puedes hacer?

1

Evita el uso de **espráis** que contengan CFC como gas impulsor.

2

Energy A+++

Utiliza bombillas y electrodomésticos de bajo consumo.

3

Consume productos ecológicos, que no están tratados con fertilizantes químicos, y que sean de tu zona; así se evita el transporte y sus gases contaminantes.

La destrucción de un escudo protector

La capa de ozono se destruye por culpa de los fluorocarbonados (CFC), unos gases usados en los sistemas de refrigeración y como impulsores en los espráis. También los compuestos de bromo y los óxidos de nitrógeno presentes, sobre todo, en los fertilizantes. Sus efectos son:

1 **Sobre nuestra salud:** aumento del cáncer de piel, las afecciones inmunológicas y los problemas respiratorios.

2 **Sobre los animales:** en los terrestres, efectos parecidos a los humanos; en los marinos, reducen el fitoplancton y alteran la cadena alimentaria.

3 **Sobre las plantas:** reducen las cosechas y alteran los ciclos vegetativos habituales.

El agujero de la capa de ozono se sitúa sobre la Antártida y su tamaño aumenta con las bajas temperaturas.

ANTÁRTIDA

¿LA POLUCIÓN DEL AIRE INFLUYE EN LA SALUD?

Todas las partículas y los gases de la atmósfera acaban en nuestro organismo cada vez que respiramos. Cuanto más limpio esté el aire que respiremos, menos negativo será para nuestra salud, así que es imprescindible buscar soluciones para mejorar su calidad.

¿Qué efectos tiene un aire de mala calidad?

Las consecuencias de la contaminación del aire son siempre peligrosas. A las que ya conocemos, como las boinas de contaminación que se fijan sobre las grandes ciudades y el aumento del cambio climático por los gases de efecto invernadero, hay que añadir las enfermedades respiratorias y dermatológicas que provocan.

Medidas urgentes

Disminuir el grado de contaminación del aire es un problema complejo que deben solucionar todos los países juntos:

1 Mejorando las políticas ambientales para reducir las emisiones de CO_2 a la atmósfera.

2 Reduciendo la huella de carbono y nuestra propia huella ecológica no solo con medidas a nivel estatal, sino con cambios en la conducta particular.

3 Cuidar y proteger los bosques y la vegetación, pues ellos «limpian» el aire de forma natural.

Según la OMS, 8 millones de personas mueren cada año por enfermedades relacionadas con la contaminación del aire.

Y tú, ¿qué puedes hacer?

1

Ventila tu habitación a diario, al menos durante 15 minutos para renovar el aire y lleva a cabo la limpieza con productos ecológicos.

2

Reutiliza y recicla todo lo que puedas para evitar la acumulación de residuos.

3

Cultiva plantas dentro de casa o en el jardín o la terraza; ellas son aliadas muy eficaces para combatir la contaminación del aire.

¿SE están ACABANDO los RECURSOS NATURALES?

Las reservas de los recursos naturales que nos da el planeta no son ilimitadas; algunos no se renuevan y otros no se regeneran a la velocidad necesaria para el abastecimiento. Si se acaban, ¿qué ocurrirá?

El petróleo, el gas y el carbón

Son tres de los recursos naturales que antes se acabarán, ya que sus reservas no son infinitas. Se cree que solo queda petróleo para 46 años y gas para unos 58 años. En el caso del carbón, las estimaciones son un poco menos pesimistas, ya que se calcula que aún habrá para unos 188 años, pero tiene un problema añadido: su elevado grado de contaminación ambiental.

Y tú, ¿qué puedes hacer?

1
Pon en práctica la regla de las 3R: reduce el consumo de agua y energía, reutiliza todo lo que sea posible y recicla lo que deseches.

2
Lleva una alimentación sana, con más frutas y verduras y pocos alimentos procesados, que gastan recursos en su fabricación.

3
Respeta y protege la naturaleza que te rodea, pues conservarla ayudará a que los ciclos naturales se mantengan en condiciones óptimas.

Si seguimos así, en 2050 necesitaremos 2,5 planetas como el nuestro para abastecernos.

¿Y qué ocurre con el agua?

Es el recurso más importante para la supervivencia humana y quizá uno de los primeros en escasear si se mantiene el crecimiento de la población mundial. El 70 % de la superficie del planeta está cubierta de agua, pero solo el 2,5 % es agua dulce y, de ella, casi las tres cuartas partes son hielo y nieve. En los próximos años corremos el riesgo de que nos falte.

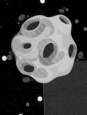

SUPERPOBLACIÓN DE LA TIERRA

Ya somos más de 7 700 millones de personas, lo que significa que necesitamos más recursos (alimentos, energía, agua, etc.) que no son inagotables. Si seguimos creciendo a este ritmo, ¿el planeta será capaz de abastecernos a todos?

Un reparto irregular

El problema de la superpoblación no solo es cuestión de número, sino de su reparto. La mitad de la población mundial se concentra en las ciudades: un problema de contaminación (afecta al calentamiento global), deterioro de la calidad de vida y la salud (más enfermedades), y destrucción del entorno natural.

Consecuencias de la superpoblación

1. Destrucción acelerada de los recursos naturales.

2. Deforestación a fin de «ganar» espacio para las actividades humanas.

3. Destrucción de ecosistemas naturales por la sequía, el cambio climático o la sobreexplotación agrícola.

4. Altos niveles de contaminación de la atmósfera, el suelo y el agua.

5. Agotamiento de los acuíferos y las fuentes naturales de agua.

6. Pérdida de la biodiversidad por extinción de especies.

Y tú, ¿qué puedes hacer?

1

No utilices muchos juguetes o aparatos que necesiten **pilas o baterías**.

2

Cuando vayas a la compra, **lleva tu propia bolsa,** mejor de tela que de plástico, y compra alimentos que no estén envasados o empaquetados.

3

Antes de tirar algo a la basura, piensa si podrías **reutilizarlo** dándole otro uso.

El 61% de los habitantes del planeta vive en Asia. Los países más poblados son China e India.

ASIA

¿Y QUÉ HACEMOS CON LOS RESIDUOS TÓXICOS?

Los residuos considerados tóxicos, sean o no reciclables, siempre tienen un riesgo para los seres vivos y el medioambiente, por lo que su tratamiento es diferente al del resto de residuos.

■ No todos son iguales

Dentro de este tipo de residuos se distinguen varias categorías:

Tóxicos: compuestos orgánicos e inorgánicos peligrosos para la salud (residuos de hospitales y laboratorios).

Explosivos: explotan si no se tratan adecuadamente.

Corrosivos: compuestos en su mayor parte de ácidos.

Reactivos químicos: por sí mismos no son peligrosos, pero pueden serlo si entran en contacto con sustancias con las que puedan reaccionar.

Radioactivos: emiten radiacione (residuos de centrales nucleares).

Inflamables: sensibles al calor, arden con facilidad.

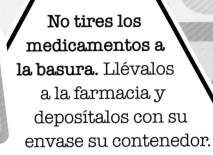

3

No tires los medicamentos a la basura. Llévalos a la farmacia y deposítalos con su envase su contenedor.

1

Deposita las baterías en su contenedor. El mercurio de una sola pila de botón puede contaminar 600 000 litros de agua.

2

Acude a un punto limpio cuando tengas que desechar un ordenador, un televisor, una bombilla de bajo consumo o el aceite del coche.

Con los desechos generados en todo el mundo cada año se podrían llenar más de 800 000 piscinas olímpicas.

Los más habituales

No debemos pensar que los residuos peligrosos solo se generan en la industria, también en nuestros hogares hay productos tóxicos que tenemos que desechar adecuadamente:

1 Pilas y baterías: liberan ácidos y metales pesados.

2 Pinturas y disolventes: son altamente inflamables.

3 Aceite de coche y de cocina: inflamables y reactivos; se pueden reciclar para obtener biomasa.

4 Aguas residuales urbanas: pueden ser portadoras de microorganismos causantes de enfermedades.

5 Residuos de hospitales y laboratorios.

6 Residuos de las actividades agrícolas y mineras.

7 Aguas y gases procedentes de la actividad industrial.

¿QUÉ EFECTOS TIENE LA SEQUÍA?

Hay sequía cuando las precipitaciones son tan escasas que no cubren las necesidades de las plantas, los animales y la población. Hoy, la región mediterránea, las zonas cercanas al Ecuador y el «cuerno de África» son las zonas más secas.

El calentamiento global y otras causas

Ya no hay duda de que el calentamiento global derivado de las actividades humanas está provocando un aumento de las temperaturas y graves alteraciones en las lluvias, haciendo que estas disminuyan casi por completo en algunos lugares. Esta, aun siendo importante, no es la única causa de la sequía, también la favorecen otras actividades humanas, como la deforestación y la sobreexplotación agrícola.

¿Qué ocurre si hay una sequía prolongada?

El agua es un elemento imprescindible para todos los seres vivos, por lo que su escasez trae gravísimas consecuencias:

1. Daños irreparables en los ecosistemas, que tienden a la desertificación.

2. Pérdida de la biodiversidad debido a la reducción o extinción de especies animales y plantas.

3. Migraciones masivas de animales y de seres humanos hacia regiones con mejores condiciones de vida.

4. Disminución de la producción agrícola y ganadera, lo que hace escasear los alimentos y aumentar su precio.

5. Hambrunas, malnutrición, deshidratación y enfermedades entre la población.

Ya hay más de 30 países en sequía extrema, lo que afecta a más de la cuarta parte de la población mundial.

Y tú, ¿qué puedes hacer?

1
Cuida tu consumo de agua, no la desperdicies dejando los grifos abiertos mientras te enjabonas o friegas los cacharros.

2
Riega las plantas con agua de lluvia que hayas recogido o con el agua de cocer pasta o verduras.

3
Nunca quemes la vegetación seca y participa en campañas de replantación con especies autóctonas.

¿DE VERDAD SON TAN PELIGROSOS LOS INCENDIOS FORESTALES?

Durante los meses de verano, el calor, la escasez de lluvia y la vegetación reseca se alían para provocar terribles incendios en los bosques.

◧ Paisajes arrasados

Después de un incendio forestal, se puede ver la destrucción del hábitat de muchas especies animales y vegetales, la pérdida de biodiversidad y el avance de la deforestación. Otros problemas de los incendios son:

1 Se emiten a la atmósfera grandes cantidades de CO_2, agravándose con ello el problema del calentamiento global.

2 El suelo se empobrece y se desertifica, es decir, pasa de ser fértil a estéril.

Y tú, ¿qué puedes hacer?

En 2019, la selva amazónica sufrió incendios que arrasaron 2,5 millones de hectáreas.

3

Destruye viviendas o poblaciones y, en ocasiones, causa la muerte de personas.

1

Cuando pasees por el bosque no dejes residuos, métetelos en tu mochila y después tíralos en los contenedores que correspondan.

2

No hagas barbacoas en el campo ni enciendas fogatas durante los meses más calurosos del año.

3

Pide a tus padres que aparquen el coche en los lugares destinados para ello, sin entrar entre la vegetación, un tubo de escape caliente es un peligro potencial.

¿Por qué se quema el bosque?

Pocos incendios se producen por causas naturales, por ejemplo en España solo son el 5 %. Lo más habitual es que sean provocados por el hombre, ya sea de forma intencionada, por un descuido o por accidente.

Se contaminan las aguas superficiales y subterráneas de la zona.

41

PÉRDIDA DE LA BIODIVERSIDAD

Con «biodiversidad» se hace referencia a la variedad de seres vivos del planeta, desde las especies individuales hasta los ecosistemas. Y es algo que hay que proteger.

◼ Los tres niveles de la biodiversidad

1 Diversidad genética: incluye cada organismo, su variedad entre los individuos de una población y entre poblaciones de una misma especie.

2 Diversidad de especies: incluye seres con características comunes (familias, géneros, especies y subespecies).

3 Diversidad de espacios: incluye los ecosistemas, que son las unidades funcionales del conjunto de los seres vivos y el medio físico en el que viven.

Solo entre los animales vertebrados terrestres, hay unas 5 200 especies en peligro de extinción.

■ ¿Por qué es tan importante?

• Asegura la calidad medioambiental y paisajística: las especies establecen relaciones fuertes con el medio; por ejemplo, las abejas con las flores.

• Asegura el equilibrio de los ecosistemas y el aprovisionamiento de materias primas naturales.

• Garantiza la calidad del aire y el clima, la pureza del agua, controla la erosión, disminuye los desastres naturales…

Y tú, ¿qué puedes hacer?

1

Reduce el consumo y la contaminación aplicando las normas de las 3Rs: reducir, reutilizar y reciclar.

2

Procura adquirir productos ecológicos y de comercio justo.

3

No adquieras mascotas que sean especies amenazadas o en peligro de extinción, ni consumas carnes exóticas.

LA SOBREEXPLOTACIÓN DE LOS RECURSOS (AGUA Y ENERGÍA)

El consumo descontrolado agota los recursos y genera mucha basura. Además, la obtención de muchos recursos conlleva conflictos e injusticias sociales.

■ La Tierra, una despensa en peligro

El ser humano siempre ha aprovechado los recursos naturales. El problema es que, por la superpoblación y el modelo de consumo actual, la explotación es tan excesiva que la naturaleza no dispone de tiempo suficiente para regenerarlos. El problema de la sobreexplotación afecta:

1 Al **petróleo, gas** y **carbón**, que son recursos no renovables y se han extraído en tal cantidad que su agotamiento se producirá pronto.

2 A los **animales** y las **plantas**, cada vez más explotados como alimentos, medicinas, para fabricar tejidos…

3 Al **suelo**, sobreexplotado por una agricultura que tiene que producir alimento para una población en crecimiento.

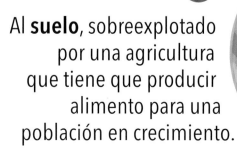

Y tú, ¿qué puedes hacer?

1
Toma duchas cortas; ahorras hasta un 80 % de agua. Cierra bien los grifos, uno goteando desperdicia hasta 50 litros de agua al día.

2
Apaga luces y aparatos que no uses y usa bombillas de bajo consumo: pueden reducir el gasto de energía hasta en un 85 %.

3
Mantén la temperatura de casa a 21 °C; cada grado que subas o bajes supone un gasto de un 5 % más de energía.

4

Al **agua**, que no se regenera rápido debido a un uso excesivo, a la sequía y a la alta contaminación.

5

A los **bosques**, debido a talas excesivas.

6

A los **recursos marinos**: la sobrepesca arrasa los fondos y destruye hábitats y especies.

■ ¿Cómo podemos ayudar al cuidado del ambiente?

Cada uno puede contribuir con el ahorro de agua y energía, y siguiendo la regla de las 5R:

Reducir el consumo.

Reciclar los residuos.

Reutilizar lo que aún pueda usarse.

Rechazar los productos nocivos.

Reparar los objetos que estén dañados.

Ahorremos agua y energía consumiendo productos locales y de temporada.

¿SI UTILIZO ROPA DE ALGODÓN AYUDO AL MEDIO AMBIENTE?

Es mejor vestir con fibras naturales que sintéticas. Pero su producción debe ser ecológica, ya que la industria textil es la segunda más contaminante después de la petrolífera.

Una camiseta de algodón

Producir una sencilla camiseta de algodón supone un gasto de unos ¡2 700 litros de agua! A eso añadimos los tintes, que liberan sustancias químicas a la atmósfera y producen alergias, la sobreexplotación del suelo, con el empleo de algunos de los pesticidas más tóxicos que existen (para el medioambiente y para los trabajadores), los peligrosos vertidos liberados en su proceso de fabricación y el necesario transporte de la fábrica a la tienda, con el consiguiente gasto de combustible.

¿Cuáles son las opciones?

La producción ecológica certificada de fibras textiles asegura el mínimo impacto ambiental, energético y laboral. La «moda sostenible» garantiza materiales ecológicos, producción local, condiciones dignas de trabajo y gestión responsable de los residuos.

Producir algodón orgánico requiere un 71 % menos de agua y un 62 % menos de energía.

Y tú, ¿qué puedes hacer?

100 % NATURAL ORGANIC COTTON

1

Compra ropa de algodón 100 % certificado.
Evita las fibras sintéticas y sus mezclas con algodón convencional.

2

Recicla la ropa que no utilices en los contenedores específicos para ello y/o apuesta por comprar ropa de segunda mano.

3

Fíjate en la etiqueta para ver el lugar de producción de la prenda y elige las de fabricación cercana; reducirás el gasto de combustible y la contaminación.

100% Bio Cotton

100% PURE Organic Cotton

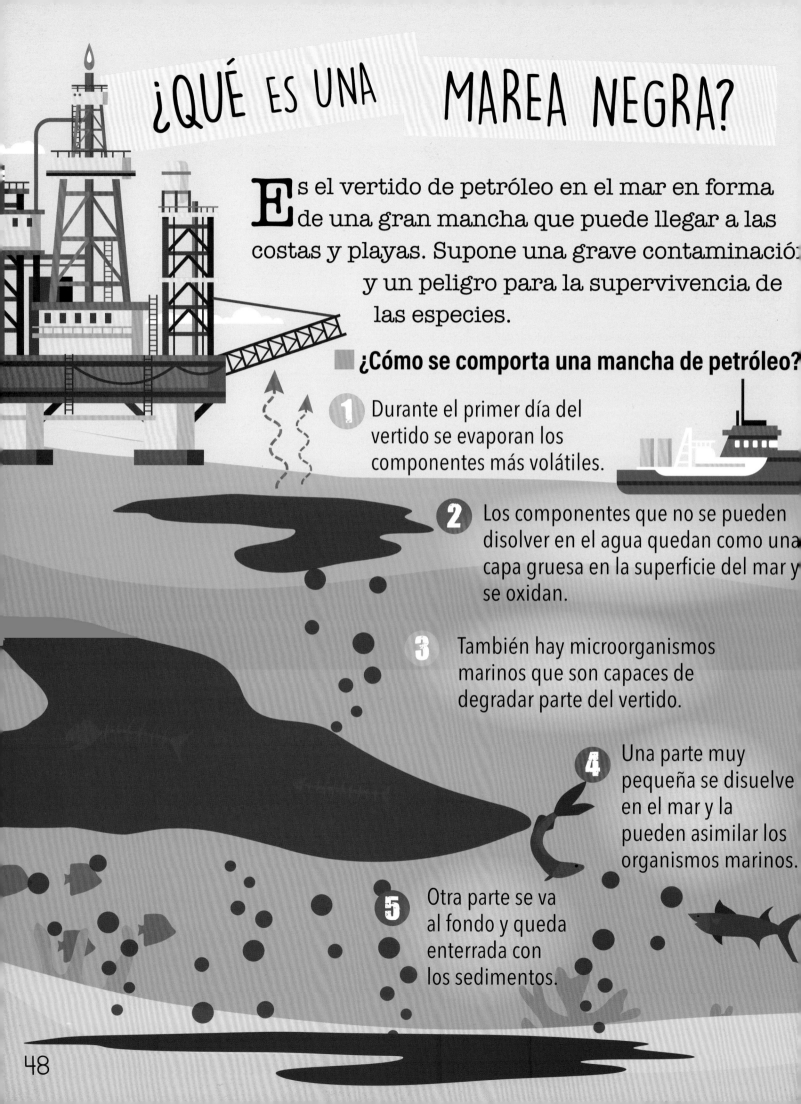

¿QUÉ ES UNA MAREA NEGRA?

Es el vertido de petróleo en el mar en forma de una gran mancha que puede llegar a las costas y playas. Supone una grave contaminación y un peligro para la supervivencia de las especies.

¿Cómo se comporta una mancha de petróleo?

1 Durante el primer día del vertido se evaporan los componentes más volátiles.

2 Los componentes que no se pueden disolver en el agua quedan como una capa gruesa en la superficie del mar y se oxidan.

3 También hay microorganismos marinos que son capaces de degradar parte del vertido.

4 Una parte muy pequeña se disuelve en el mar y la pueden asimilar los organismos marinos.

5 Otra parte se va al fondo y queda enterrada con los sedimentos.

Y tú, ¿qué puedes hacer?

1 **Consume frutas y verduras orgánicas**, las de producción habitual suelen tratarse con fertilizantes y pesticidas derivados del petróleo.

2 **Compra productos que no estén envasados** y, si lo están, recicla los envases o reutilízalos.

3 **Camina o utiliza medios de transporte que no necesiten combustibles fósiles**, como la bicicleta o los vehículos eléctricos.

Se puede recoger la mancha, dispersarla con detergentes o dejar que crezcan microorganismos que la degraden.

▪ Manchas mortales

El efecto negativo de una marea negra, además de la contaminación, es sobre los animales y las plantas, porque el petróleo es tóxico y mueren si se lo comen. Además, la mancha que queda flotando forma una película que impide el paso de la luz y la oxigenación del agua y, por tanto, la respiración de las especies marinas y su flotabilidad. También las plumas y el pelo de las aves y los mamíferos pierden su poder termoaislante.

¿QUÉ ES EL CONSUMO RESPONSABLE?

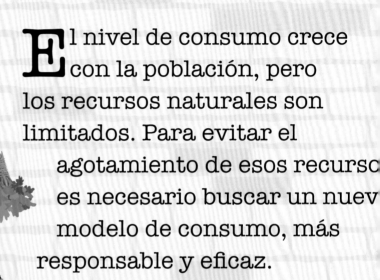

El nivel de consumo crece con la población, pero los recursos naturales son limitados. Para evitar el agotamiento de esos recursos es necesario buscar un nuevo modelo de consumo, más responsable y eficaz.

■ El desarrollo sostenible

Existe un proyecto comprometido en cubrir nuestras necesidades sin poner en peligro los recursos naturales y proteger a las futuras generaciones. Se trata del **desarrollo sostenible**.

Y tú, ¿qué puedes hacer?

1

Aplica las medidas para ahorrar agua, gas y electricidad y, siempre que sea posible, utiliza el transporte público, la bicicleta o camina.

2

Recicla adecuadamente los residuos en su contenedor.

3

Utiliza ropa fabricada con materias primas naturales, como algodón, lino, seda o tejidos vegetales, Es ecológico y ¡no tendrás alergias!

¿Cómo lo conseguimos?

1 Clasificando, reutilizando y reciclando los residuos que generemos.

2 No contaminando a un ritmo superior al que el medio puede soportar.

3 Equilibrar el reparto mundial de los recursos naturales.

4 No utilizar los recursos renovables a un ritmo superior al de su capacidad de regeneración.

5 Seguir un desarrollo económicamente viable.

6 Establecer medidas para controlar el crecimiento de la población.

7 Priorizar la educación y la investigación como bases del desarrollo.

El agua es un recurso renovable, pero los minerales y los combustibles fósiles no.

¿QUÉ ES UNA ESPECIE INVASORA?

Una especie invasora es cualquier especie animal o vegetal introducida fuera de su hábitat natural y que se extiende deprisa, poniendo en peligro la supervivencia de las especies que sí son propias de ese lugar.

¿Por qué son peligrosas?

Las especies invasoras comparten dos características que son la causa de su expansión incontrolada:

1 Gran capacidad de adaptación al medio.

2 Crecimiento y multiplicación muy rápidos.

Si a eso se une que llegan a un entorno en el que no tienen enemigos o depredadores naturales, se puede ver cómo en poco tiempo desplazan a las especies autóctonas.

¿Cómo llegan a un hábitat que no es el suyo?

Siempre introducidas por el ser humano, ya sea cultivadas o criadas por su belleza o su buen rendimiento, ya sea vendidas como mascotas. En el primer caso, la especie introducida compite con las autóctonas y las hace desaparecer. En el segundo, las mascotas se escapan o abandonan y se reproducen a un ritmo vertiginoso.

Las especies invasoras pueden transmitirnos enfermedades o producirnos alergias.

Y tú, ¿qué puedes hacer?

1

Infórmate antes de comprar una mascota; por ejemplo, las cotorras y periquitos hacen mucho ruido y las tortugas de Florida huelen mal.

2

Si no puedes seguir cuidando a tu mascota, no la sueltes en la naturaleza. Llévala de nuevo a la tienda donde la compraste.

3

No compres especies salvajes como mascotas; les someterás a unas condiciones de cautividad a la que no están acostumbradas y, en muchos casos, su comercio es ilegal.

¿QUÉ ES LA HUELLA ECOLÓGICA?

Es la superficie de tierra y de agua que necesitamos para generar los recursos con los que mantener el bienestar. Es de 2,7 hectáreas por persona y año (una hectárea = 10 m x 10 m).

■ Un indicador medioambiental

En realidad, la huella ecológica es un indicador de impacto medioambiental que compara los recursos que consumimos con la capacidad del planeta para regenerar lo gastado y asimilar los desechos. Se utiliza para conocer cómo afectan nuestros hábitos al ambiente y cuánta área de producción necesitamos. En esa medida se incluyen:

❶ Las hectáreas de bosque necesarias para absorber el dióxido de carbono (CO_2) que va a la atmósfera al quemar combustibles fósiles en el transporte, la luz, la calefacción, etc.

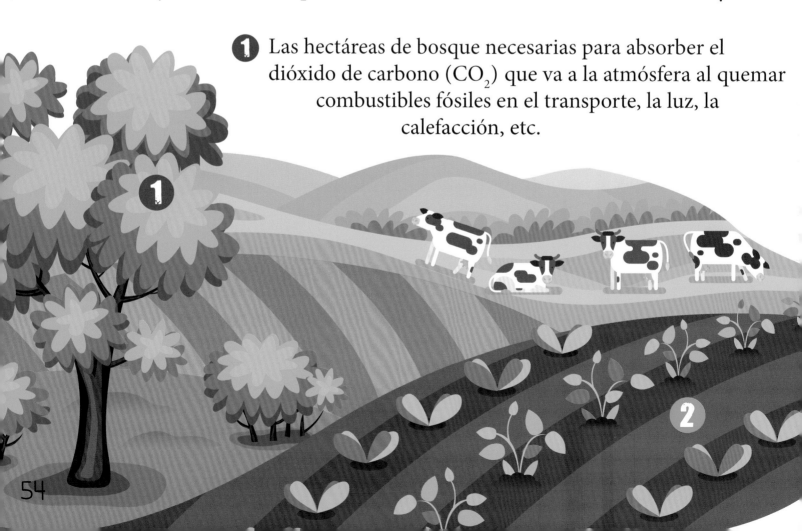

Y tú, ¿qué puedes hacer?

1 Reduce el consumo de agua y de energía utilizando bombillas de bajo consumo y usando el lavavajillas y la lavadora llenos.

2 Come más sano, incluyendo productos **de tu zona** y frutas y verduras de temporada, y evita el desperdicio de comida.

3 Evita comprar cosas innecesarias o que sean más «modernas» que las que tienes y que todavía funcionan.

2 La superficie de cultivo (terrestre y acuático) necesaria para producir los alimentos que consumimos.

A nivel mundial, la población actual está sobrepasando la capacidad ecológica del planeta Tierra: estamos usando la naturaleza 1,75 veces más rápido de lo que los ecosistemas pueden recuperarse y volver a ser productivos.

Las emisiones de carbono de la quema de combustibles fósiles son el 60 % de la huella ecológica.

SUPERMARKET

¿CÓMO EVITAR EL USO DE COMBUSTIBLES FÓSILES?

Los combustibles fósiles siguen siendo la base de la economía, incluso conociendo los daños que ocasionan en el medioambiente y su estrecha relación con el calentamiento global y el cambio climático. ¿Podremos encontrar otras alternativas?

■ Ya existen alternativas

Tanto en los vehículos de transporte como en el hogar, sigue dominando el uso de los combustibles fósiles, pero ya existen otros alternativos, como el hidrógeno, el etanol o el biodiésel, que tienen la ventaja de no ser contaminantes y cuya producción es sostenible desde el punto de vista económico y medioambiental.

1 El **biodiésel** se obtiene a partir de grasas animales y vegetales. Su principal ventaja es que su uso es muy seguro y su desventaja, que no existen sistemas de producción y distribución competitivos.

2 El **etanol** se obtiene de la fermentación de los azúcares del maíz, la caña de azúcar o la remolacha. Es menos contaminante que el petróleo, pero se necesitan grandes cantidades para obtener el mismo rendimiento.

3 El **hidrógeno** es el más abundante y el único que genera cero residuos y contaminación, pero su aplicación aún está en desarrollo.

56

¿Qué es el biogás?

Se trata de un gas combustible obtenido por acción de ciertos microorganismos sobre la materia orgánica en descomposición. Procede, sobre todo, de los excrementos del ganado y de restos de comida de hogares y restaurantes. Es un sustituto eficiente del gas natural y también se usa para producir energía eléctrica.

Una alternativa al combustible para los vehículos es la electricidad, que no emite gases contaminantes a la atmósfera.

1

Practica lo que se llama movilidad sostenible, es decir, desplázate en bicicleta o caminando siempre que puedas y, si no es posible, utiliza el transporte público.

2

Pon en práctica la **regla de las 3R** para el reciclaje.

3

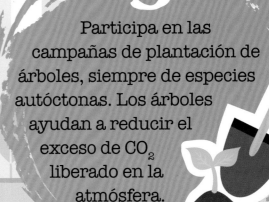

Participa en las campañas de plantación de árboles, siempre de especies autóctonas. Los árboles ayudan a reducir el exceso de CO_2 liberado en la atmósfera.

¿QUÉ ES EL COMPOST?

Es una forma ecológica y natural de proporcionar a las plantas nuevos nutrientes sin que agoten el suelo y también una buena alternativa frente a los fertilizantes químicos.

◼ Alimento para las plantas

El compost es un abono orgánico natural producido por la degradación de desechos. Su empleo tiene muchas ventajas:

• Aporta gran cantidad de nutrientes al suelo, pero sin contaminarlo.

• Mejora la capacidad de la tierra para retener agua.

• No es peligroso para el medioambiente y está libre de patógenos.

• Es una buena forma de reciclar los residuos orgánicos.

• No desprende malos olores, como los abonos orgánicos tradicionales, hechos con excrementos animales.

Y tú, ¿qué puedes hacer?

Un compostador (recipiente para fabricar compost) no es un cubo de basura, así que debes aprender qué residuos puedes utilizar y cuáles no:

1
¡STOP!
A los aceites, carnes, revistas, filtros de cigarrillos o cenizas de carbón.

2
¡MUY POCO!
Cenizas de leña, cartones y derivados del papel (servilletas, cartones de huevos y envases de papel).

3
¡ADELANTE!
Hojas y plantas verdes, flores secas, restos de podas, peladuras de frutas y verduras, huesos de frutas, cáscaras de huevos y frutos secos, estiércol.

¡Vamos a preparar compost!

1. Puedes prepararlo en un montón directamente sobre la tierra o si no, en una caja compostadora.

2. Separa los restos orgánicos en húmedos (fruta y verdura, posos de café, restos de plantas) y secos (ramas y hojas). Córtalos en trozos pequeños.

3. Forma una base con residuos leñosos (piñas, ramas duras de la poda de árboles o arbustos).

4. Coloca sobre esa base una capa de residuos secos y después otra de húmedos. Sigue alternando.

5. Riega un poco, pero sin encharcar. De vez en cuando repite el riego y remueve el compost.

Un 40 % de los residuos que se producen en los hogares son restos orgánicos.